TRANSLATION DE LE COINTRE
AU MONT-SAINT-MICHEL.

COMMUNICATION FAITE PAR M. G. LEROY,

ARCHIVISTE-BIBLIOTHÉCAIRE À MELUN.

Extrait du *Bulletin historique et philologique*, 1897.

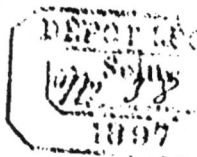

PRÉCIS HISTORIQUE DE LA TRANSLATION DU REPRÉSENTANT DU PEUPLE LE COINTRE (DE VERSAILLES) À LA FORTERESSE DU MONT-MICHEL, MIS EN ÉTAT D'ARRESTATION PAR DÉCRET DU 16 GERMINAL AN III DE LA RÉPUBLIQUE UNE, INDIVISIBLE ET DÉMOCRATIQUE. — ENTRÉ LE 21 DUDIT MOIS [1].

> Longè a servientibus abero, ibique esse judicabo
> Romam ubicunque liberum esse licebit.
>
> (BRUTUS CICERONI, *Epistola* 26.)

Depuis le 12 germinal, jour et époque fatale à la liberté du peuple français, jour où tous les principes ont été oubliés, toutes les formes violées, les droits sur la garantie de la représentation nationale outragés, méconnus, foulés aux pieds, témoin de cette séance désastreuse du soir, où la tyrannie s'est montrée avec un caractère, une impudence telle que rien de semblable n'avait paru depuis les orages multipliés de la Révolution; en vain, pour opposer une digue à ce torrent destructeur de la liberté, j'ai demandé un appel nominal, en vain 53 membres l'ont demandé comme moi, l'esprit de la domination ayant franchi toutes les barrières par la condamnation à la peine de la déportation prononcée par la Convention nationale elle-même contre quatre de ses membres sans avoir voulu achever de les entendre dans leurs défenses, par la mise en arrestation de neuf autres de ses membres sans vouloir les entendre, quoiqu'ils aient demandé la parole. Depuis ce jour, placé entre deux écueils, celui d'approuver, par ma présence à la Convention, en continuant d'y délibérer, tout ce qui s'est passé dans la séance, ou, en m'abstenant, de m'exposer à devenir victime des hommes auxquels rien ne peut coûter pour justifier leur conduite ou punir et sacrifier quiconque paraîtrait élever seulement quelques doutes sur la légitimité de leurs mesures; à l'exemple de celui qui disait : «J'aimerais mieux mourir même sous le fer d'un tyran que de juger un tyran sans observer les formes», j'ai préféré courir les hasards d'être victime de la

---

[1] Ce précis est de la main de Le Cointre, et signé par lui.

tyrannie à la partager; aussi, chaque jour, après avoir pris ma distribution, lorsque la séance commençait, je rentrais *seul* chez moi, gémissant sur les malheurs de la patrie; je me préparais à l'instant où, le mal porté à son comble, il [ne] me resterait que la ressource de m'envelopper la tête de mon manteau, et terminer volontairement ma vie, ne pouvant soutenir une plus longue existence *avec la servitude*.

Le 13, les Comités avaient annoncé qu'ils tenaient le fil d'une vaste conspiration; le 14, ils fixent le rapport au 16, ils annoncent plus de 3,000 pièces à l'appui. Pendant ce temps, ils font circuler, courir, afficher des listes de proscriptions où étaient inscrits les noms des députés qu'ils voulaient perdre. Celle intitulée le *Grand Ordre du jour* contenait les noms de Cambon, Thuriot, Le Cointre (de Versailles), etc.

Le 16, Pémartin monte à la tribune, et, après un rapport vague, insignifiant, où cependant se trouvait englobé le nom de huit députés, il ne conclut à rien. Je n'étais pas du nombre des dénommés dans le rapport. Après quelques légers débats, la Convention décrète l'arrestation de huit de ses membres. Bourdon (de l'Oise) demande que Le Cointre (de Versailles) soit du nombre. «*Il a essayé*, dit-il, *à noircir ses collègues par la calomnie.*»

Je suis décrété. On m'annonce cette nouvelle; je congédie la personne attachée à mon service, je prépare tout ce qu'il me faut pour opposer *la résistance à l'oppression*, et ensuite, à l'imitation de Caton d'Utique ou de Brutus, accomplir par une mort volontaire et libre mon serment de *vivre libre ou de mourir*.

Je fais ensuite mon testament de mort, et j'attends avec fermeté l'instant où les satellites de la tyrannie paraîtront et me mettront à portée de délivrer ma patrie de quelques-uns de ces vils suppôts, et de périr ensuite. Cette nuit, tous ceux de mes collègues décrétés qui restèrent chez eux furent enlevés; personne ne se présenta chez moi : si le cas fût arrivé, le sacrifice était consommé.

A 6 heures du matin, ma femme, arrivée de Versailles, se présente à la porte; je la lui ouvre, après m'être assuré et pris les précautions convenables en cas de surprise. Je lui fais part de ma résolution; elle me rappelle la pureté de ma conduite, qui me fera toujours triompher de mes ennemis. Elle me dit que je dois à ma place, à mon amour pour la liberté, à l'énergie que j'ai constamment déployée depuis la Révolution, de me présenter face à face de mes dénonciateurs; que mon triomphe est certain, que ma présence seule les déconcertera, que je n'ai rien perdu dans l'opinion publique, que mon courage depuis deux mois à publier les vérités dures semées dans mes écrits a fait désirer qu'il y eût bien des députés aussi fermes, aussi irréprochables, mais que, si je me défais, la calomnie aura beau jeu, et que le moindre des honneurs que ma mémoire encoure est celui d'être taxé de lâche; que ma mort, loin d'être profitable au salut de la patrie, sera un fléau par le découragement qu'elle jettera dans les cœurs, dans les âmes les plus fortes, au lieu qu'une défense courageuse et sans orgueil, noble sans fierté, étonnera et servira avantageusement la République; que je dois tenir cette conduite à cause de la place que j'occupe, à cause de mes enfants, que je puis, que je dois, dans une crise de cette importance, exprimer librement mes opinions, mes pensées sur la tyrannie qui s'exerce, que le seul moyen de l'abattre, c'est de lui résister face à face et de la démasquer avec le calme et la force d'âme que donne la probité.

Ces paroles sont un rayon de lumière, un coup de foudre qui éclaire ma raison égarée d'une fausse gloire. Je donne l'ordre que ma porte soit ouverte comme à l'ordinaire à tous venants. Sur le midi, sept individus sont introduits (le perruquier me rasait). L'un d'eux, le commissaire, annonce le sujet de sa mission. Je lui dis : «Citoyen, laisse au barbier finir sa besogne; fais dresser le protocole de ton procès-verbal. J'ai décidé ce matin d'obéir, sur les représentations de ma femme, au décret inique rendu hier contre moi. Si vous vous fussiez présentés hier ou cette nuit, je repoussais par la force cet acte d'opression tyrannique, et je mourais libre comme mes serments m'en font la loi. Ma femme m'a persuadé que je pouvais être plus utile à ma patrie en prolongeant mes jours de quelques instants, pour éclairer mes concitoyens. J'ai cédé à cette impulsion; je dînerai pendant que vous apposerez les scellés sur mes papiers; ensuite, je me rendrai avec vous pour perdre la liberté de mon corps, non celle de mes sentiments, dans l'antre de la tyrannie.»

Mon dîner fini, les [scellés] apposés, lecture du procès-verbal m'est donnée; je requiers d'y insérer mon dire ainsi qu'il suit[1]. Ces citoyens,

---

[1] «Et à l'instant où les signatures des citoyens Violet, commissaire de police, Ratel, son greffier de la fontaine de Grenelle, accompagnés des citoyens Simon, Mingot, L'Espierre, Molière, inspecteurs de police, allaient être apposées sur le procès-verbal, ledit citoyen Le Cointre nous a requis de recevoir sa déclaration ainsi qu'il suit : Que depuis les séances du 12 germinal au soir, où les droits de la Représentation nationale avaient été violés et anéantis, il n'a plus dès cet instant de la violation des droits reconnu de Convention nationale, que les décrets portés contre lui, il les regardait comme nuls; qu'il regardait, depuis cette soirée, cette partie qui se disait Convention nationale et qui avait violé les droits de la minorité (qui pouvait par un appel nominal devenir majorité) comme une majorité précaire, *elle-même séditieuse*, et comme une *assemblée de tyrans*, qu'il a été depuis trois jours dans l'état et la situation complète de remplir son serment de *vivre libre ou de mourir*, mais que la prolongation de l'exécution du *décret inique* du jour d'hier ayant donné à sa femme le temps de se rendre de son propre mouvement auprès de lui, il a cédé à l'impulsion de la nature et de l'amitié pour abandonner sa raison et sa conviction, et faire place à ces premières impulsions; qu'en conséquence il n'a point, aux termes des Droits de l'homme et de la Constitution, opposé la force à la force, comme il le devait; que les moyens qu'il avait dans ses mains

pénétrés de ma loyauté, de ma franchise, me laissent mes armes sur parole; je fais mes adieux à ma femme, je lui réitère mes serments de ne jamais aduler la tyrannie et de consacrer le peu de jours que je consens à conserver pour démasquer les tyrans. Je pars. Arrivé au Comité (section [de] police générale), Mathieu se présente à moi et me dit : «Collègue, demande ce dont tu auras besoin; les ordres sont donnés pour que tu sois servi selon tes désirs. — Tyran, lui dis-je, car tu n'es plus mon collègue, car je ne partage pas la tyrannie, je suis l'une de ses victimes; j'ai pourvu à mes besoins avant d'entrer dans l'antre de la tyrannie. C'est ici seulement que je perds ma liberté matérielle, *car avec ces citoyens je suis resté parfaitement libre;* mon âme, mes sentiments, mes opinions le seront *jusqu'à mon dernier soupir.*» Mathieu sort; je prends du papier, j'écris deux lettres, l'une à mon fils, auquel j'envoie des fonds pour son service auprès des armées, l'autre à Auxerre au citoyen Maure pour me procurer le remboursement d'un billet revenu à protêt. Je descends à la grande salle du Conseil. Pémartin était seul; il me tient le même langage que Mathieu, même réponse; ensuite j'ajoute : «Vous avez violé tous les droits sur la représentation nationale, vous vous êtes institués les tyrans de la patrie, en méconnaissant toutes les lois; j'avais résolu de trancher moi-même le fil de mes jours; mes serments m'en faisaient la loi; j'ai été éclairé : cette mesure peut convenir à un citoyen qui n'est revêtu d'aucune fonction publique, mais un fonctionnaire public, un représentant doit pousser sa carrière jusqu'au bout. L'instant qui paraît le plus désespéré est souvent le plus voisin du salut de la patrie; ainsi, en protestant contre l'injustice, contre la violation qui m'était faite, *j'ai obéi.* C'est donc ici, seulement, dans cet antre que je perds ma liberté matérielle, mais jamais, je le répète, je ne perdrai celle de mes sentiments, de mes opinions pour le bonheur de mon pays.» Alors je dépose mes armes (un pistolet à deux coups, à cylindre, chargé de six balles; une boîte à poudre, quelques balles, mon couteau). Ensuite je dis : «Parle, dis-moi, Pémartin; où les tyrans de ma patrie m'envoient-ils? — Dans le Jura, répond Pémartin. — Comme particulier, je t'adresse de nouveau la parole; voilà deux lettres, l'une pour mon fils aux armées, l'autre pour le citoyen Maure, fils de notre collègue. Je te prie de les mettre demain à la poste.» Pémartin accepte, il a rempli sa promesse; j'invite ensuite le commissaire de police (Violet) de remettre son procès-verbal d'arrestation sur le bureau. Cela fait, je le remercie et

étaient forts, suffisants et connus; que dix heures plus tôt ils étaient exécutés; mais que, par amour pour ses concitoyens, qui pouvaient être victimes dans un moment de désolation et d'horreur, il a cédé à l'impulsion que lui ont donnée son épouse et l'amour de ses enfants, dont l'un d'eux (son fils) sert avec honneur la patrie, et a signé en déclarant de nouveau qu'il ne reconnaissait plus de Convention nationale. Ainsi signé.»

(Suivent ensuite les autres signatures.)

ceux qui l'ont assisté des égards et des attentions qu'ils ont apportés dans l'exécution des ordres dont ils étaient porteurs contre moi. Puis, me tournant vers les gendarmes, je leur dis : Soldats, *qu'on me conduise au dépôt.* Nous montons à une petite pièce à feu à l'entresol. Arrivé, j'y trouve mes collègues Crassous et Granet, qui y étaient depuis environ vingt-quatre heures. Il y avait au moins deux ans que je n'avais parlé [à] Granet, avec lequel je n'avais jamais eu de liaison, quoique nous eussions été tous de la Législative et de la Convention. A l'égard de Crassous, je ne l'avais jamais parlé (*sic*). Sur les 11 heures du soir, nous mangeons une moitié de poulet, nous buvons une bouteille de vin, une table sert de lit de repos à Crassous, une chaise à Granet et à moi. Là nous attendons les ordres de nos tyrans.

Vers les 3 heures du matin arrivent cinq militaires :

Guéroult de La Pallière, général de brigade, originaire de Caen, destitué, incarcéré depuis et rendu à la liberté il y avait trois mois;

Vrigny, ex-noble, originaire de Sées, général de brigade, relevé de suspension depuis environ quatre mois;

Saint-Georges, ex-noble, dont les valeurs (*sic*) dans l'escrime sont connues, ainsi que ses habitudes à la cour des Capet, dont il était protégé, colonel de hussards, destitué, incarcéré pendant dix-huit mois, mis en liberté depuis quatre et rendu à son grade;

Saint-Germain, ex-noble, lieutenant-colonel de hussards, destitué, incarcéré pendant un an, rendu à la liberté et à son grade depuis quatre mois;

Roque, soldat, déserteur à Rouen en 1782 ou 1783, d'un régiment d'infanterie où il servait, reconnu pour tel à Pontorson par le capitaine commandant audit lieu, joueur, intrigant, et par ces qualités parvenu à s'avancer militairement, balloté par la fortune qu'il ballotte à son tour par un caractère qui se plie à toutes les formes du jour (selon les circonstances), aujourd'hui adjudant général.

Ces officiers, entrés, nous font part de leur mission, nous disent que les voitures nous attendent. Chacun prend son paquet sous son bras, content de fuir un pays où la liberté n'existe plus; nous ne demandons pas à viser les ordres, à les voir; toute terre nous semble meilleure que celle où nous habitons. Les gendarmes se chargent de nos derniers adieux pour nos épouses. Nous partons. Granet est dans une voiture avec La Pallière, chef de l'escorte et le porteur des ordres; Saint-Germain et Roque l'accompagnent. Dans la seconde, je suis avec Crassous, escorté des généraux Vrigny et Saint-Georges; les places du fond nous sont réservées, nous nous y plaçons. Partis, nous prenons la barrière qui conduit à Neuilly. Alors je dis : «Ce n'est pas là la route du Jura, comme me l'avait dit Pémartin, mais bien celle de Normandie.» Nos généraux se tiennent sur la réserve. Un gendarme précédait notre marche. A environ une demi-lieue, nous rencontrons un piquet pour assurer notre passage. Une lieue plus loin, un second piquet est aperçu. Nous arrivons à la première poste, à Nanterre, sans accident, sauf ceux des postillons, aux chevaux desquels il manque toujours quelque chose. Là, le gendarme, déjà fatigué sans doute de sa longue course, s'était retiré sans même avoir assuré le service. Après l'embarras que les ardélions du caractère de Roque ont coutume de doubler par leurs cris, leurs juremens, le change des chevaux est enfin effectué; nous voilà partis. Arrivés à Saint-Germain, une escorte de gendarmes, un dragon sont pris pour signaler notre passage avec plus d'éclat. Arrivés à Triel, la vue des gendarmes qui nous avaient précédés avait attiré beaucoup de monde à la poste. Je fus reconnu par beaucoup de personnes, qui se disaient : «Mais on nous avait toujours dit beaucoup de bien de ce député de notre département. Aurait-il donc tourné à l'aigre comme tant d'autres?» Chacun paraissait étonné, mais tranquille. A Meulan, nous avons mangé un morceau dans la voiture; du pain très blanc et de la plus grande beauté nous a été servi; le plus grand calme a régné. A Mantes, les gendarmes qui nous avaient précédés furent cause qu'à notre arrivée un grand rassemblement était auprès de la poste; la rue même était obstruée. Je descendis de voiture, je passai à la cuisine, je pris un bouillon des mains de mon ancienne hôtesse (la citoyenne Prevost), qui me fit le plus grand accueil, ainsi que sa famille. La Pallière se rappela à son souvenir. Après m'être réchauffé, je remontai en voiture. Là, des citoyens qui me reconnurent disaient entre eux d'un air goguenard : *On envoie Le Cointre vendre ses toiles dans un autre pays.* Et ils disaient de Crassous : «Il ne nous fera plus venir aux Sociétés pour nous instruire.» Nos chefs d'escorte paraissaient contents du rassemblement qu'ils voyaient, à cause de l'air d'importance que cela donnait à leur mission et qu'ils pouvaient faire leurs embarras pour écarter la multitude. A Bonnières, un citoyen de la connaissance de Crassous s'étant présenté à la portière, je le priai de dire à ma femme qu'il me paraissait certain que nous allions au Mont-Michel.

En arrivant près de Mantes, j'avais chargé le citoyen Vavasseur, négociant à Bernay, de lui dire la même chose. Bonnières étant un petit endroit, notre passage ne fit aucune sensation. Là, nos généraux cessèrent de prendre l'escorte des gendarmes. Au sortir de Bonnières, se trouve le croisé des routes de Caen et de Rouen. Voyant que nous prenions la route de Caen, je dis à Saint-Georges : «Il n'y a plus à dissimuler, nous allons au Mont-Michel bien certainement. Pémartin m'avait cependant assuré que le Jura était notre destination. Pourquoi la carte aurait-elle donc changé si promptement? Moi qui ai le caractère défiant, soupçonneux, surtout sur le compte d'hommes que je vois prendre des mesures politiques et mettre de côté tous les principes et toute idée de justice, je crains bien, dis-je, qu'on ne nous envoie là comme des victimes, des holocaustes aux mânes des rois, des brigands de la Vendée, tombés sous le glaive de la justice, de l'épée

républicaine, et certes une hécatombe d'une centaine de députés ayant voté
la mort du tyran et de tant d'autres tyranneaux peut être une offrande
agréable aux dieux du jour. Est-il difficile, disais-je, aux Anglais, aux émi-
grés, aux Chouans, à la horde des brigands qui détestent la Révolution, de
nous enlever du Mont-Michel? Par terre, 100 hommes suffisent; par mer,
20 barques armées, protégées par deux chaloupes canonnières, peuvent
s'avancer avec la marée, exécuter le coup de main, repartir avec le flot et
joindre à leur aise à notre déportation effectuée les supplices les plus affreux
et débarrasser par là nos envoyeurs *par assis et levé, sans entendre,* du soin
de travailler une amplification de dénonciation pour combler notre perte,
car rien ne coûte plus quand une fois l'arbitraire a usurpé la place de la
justice. Nous avons beaucoup égayé la conversation sur ce chapitre, plus
plaisant pour ceux qui en entendent le récit que pour ceux qui sont sur la
scène.

A Pacy, pendant le dîner, Vrigny plaignit beaucoup le sort des soldats
français d'avoir été livrés à l'impéritie d'une multitude de chefs ignorants,
sans science, sans tactique militaire, qui, s'ils ont vaincu, ç'a été en perdant inutilement tant de milliers de Français, au lieu que, si on avait em-
ployé des chefs de leur expérience, il en eût coûté beaucoup moins de sang.
Vrigny se donna pour le premier général de cavalerie de France. Ses camarades d'applaudir. A les entendre, la République avait tout perdu en ne
les employant pas; mais cependant, se méfiant d'eux-mêmes, ils observent
qu'au moment où on va les employer, ils n'auront peut-être pas des succès
aussi brillants, parce que la pointe du courage français vient à s'émousser,
et que, succédant à des généraux baladins, sans discipline, ils éprouveront
peut-être des disgrâces qui ne seront dues qu'à l'amour pour le bon ordre.
Ennuyé d'entendre tant de jactance et la valeur de nos républicains si dé-
prisée, je dis : «Oui, parmi beaucoup d'hommes d'un vrai mérite mis à la
tête des armées françaises, il en a été placé quelques-uns sans expérience,
sans la science d'une tactique militaire raisonnée, mais *ils ont été vainqueurs.*
Eh bien! depuis un siècle, excepté sous les ordres de quelques généraux
étrangers, où nos armées ont été quelquefois victorieuses, toujours, sous
les rois, lorsque nos ci-devant grands, nos nobles les ont commandées, nos
défaites se sont comptées par le nombre des batailles données, parce que
tous ont fait de la guerre un métier pour s'enrichir, et, sans remonter aux
siècles reculés, je ne vous citerai que la bataille de Minden, de Rosbach,
dans la guerre de Hanovre, conduite par nos généraux *grands de noms,
nobles par le sang, tacticiens sur le papier,* et partout *traîtres à la patrie* et
jamais à *leurs intérêts;* toujours ils ont fait battre nos soldats. Eh bien! moi,
je suis encore persuadé que, si ces nobles, ces vieux militaires que vous
vantez, eussent continué de commander dans la Révolution, ils auraient
par leur tactique comprimé l'énergie de nos soldats et tué par leur science
méthodique la Révolution militaire; il vaut donc mieux encore avoir été

vainqueurs, même en perdant du monde, que d'avoir traîné en longueur
une guerre pour laquelle le génie français n'est bon qu'autant qu'il est
maintenu en action; que je les estimerais heureux si, étant employés, ils
pouvaient conserver ce que la bravoure de ceux qu'ils traitaient d'ineptes,
d'ignorants avait acquis à la République; que j'avais senti comme personne la nécessité de retirer les grades accordés à la faveur, à la cupidité;
que j'avais demandé qu'on réduisît enfin cette armée de généraux de toute
création, et qu'on ne conservât que ceux nommés conformément aux lois et
ceux dont (sic) les actions et des talents supérieurs reconnus avaient mis
dans le cas d'avoir bien *mérité de la patrie;* que ma motion avait été ren-
voyée au Comité de salut public, et que Dubois-Crancé avait un rapport
tout prêt à faire à ce sujet, mais qu'il ne s'ensuit pas de là qu'il faille *dé-*
placer les héros de la victoire pour y substituer des serviteurs du vieux régime,
sous prétexte d'une science tacticienne ennemie du génie français et paraly-
sant la victoire; que ces officiers créés par le patriotisme avaient fait leurs
preuves par des victoires qui avaient étonné le monde entier, au lieu qu'au-
paravant toutes nos défaites, après quelques succès passagers, avaient été
l'ouvrage calculé de ces généraux d'un grand nom, d'une grande réputa-
tion, tels que les Luckner, les Lafayette, les Rochambeau, Dumouriez lui-
même, qui, de son aveu, dans ses Mémoires, dit qu'*il fut victorieux à Jem-*
mapes malgré lui.» La conversation s'animait, nos généraux (conducteurs
de prisonniers dits d'État), sentant la nécessité de ne point rompre en
visière si nettement avec moi, changèrent de conversation; on se vengea
sur l'excellente matelote qui fut servie du désavantage éprouvé dans la
lutte verbale; quelques verres de vin bus assez rapidement égayèrent les
esprits; chacun rentra dans son calme.

Un convoi de 40 voitures de grains passa, escorté de 20 gendarmes, qui
se rangèrent en bataille au bout de la ville pour vérifier le convoi en le
faisant défiler; sur-le-champ, nos braves-haches (sic) Vrigny et Roque de
dire qu'ils désireraient bien avoir à eux cinq ces 20 hommes à combattre,
qu'ils en feraient une bonne capilotade, que toute cette troupe n'était com-
posée que de lâches, que le gouvernement ferait bien de s'en défaire, et de
tous ces propos de militaires désœuvrés qui cherchent des ennemis où il
n'y en a pas et qui un jour demanderont qu'il leur soit compté comme une
campagne de guerre la conduite qu'ils ont faite d'une douzaine de représentants dans des châteaux forts en prison, en vertu d'ordres arbitraires,
plus tyranniques que jamais aucun despote ait donné. A ces discours de
fanfarons, je haussai les épaules, je quittai la croisée pour laisser librement
nos faquins se nourrir, s'enivrer de leur bravoure fantastique.

Nous partons. Remontés en voiture, Vrigny rappela la conversation sur
plusieurs lois portées par la Convention, lois qu'il qualifie d'injustes, cruelles
et barbares, [disant] qu'elles étaient *l'ouvrage de scélérats qui composaient la*
Convention. Je rappelai à Vrigny, que s'il était vrai qu'il eût été porté plu-

sieurs lois mauvaises, il ne s'ensuivait pas que les membres qui composaient la Convention *fussent des scélérats*, que cette façon de s'exprimer était déplacée dans la bouche d'un officier stipendié par cette même Convention au nom de la République. Vrigny continuant de se servir des mêmes expressions, je lui dis : « Écoute, Vrigny, *les scélérats sont les hommes de ta trempe, toi-même tu es un scélérat.* » Alors, changeant de ton, Vrigny dit que son intention n'était pas d'offenser qui que ce soit, que cette expression lui était familière à l'égard de ses amis. « Garde-la donc pour tes amis, et non pour la Convention. » Dès lors il cessa d'en faire l'application aux députés, mais il affecta, presque toutes les fois qu'il parlait à ses camarades, de les appeler : « Écoute, scélérat; dis-moi, scélérat. » Dans une circonstance où il voulut me railler, il me dit : « Le Cointre, *tu as la tête fêlée;* la Convention t'eût rendu plus de justice en t'envoyant à Charenton au lieu du Mont-Michel. » (Car alors notre destination ne fut plus un mystère.) « Vrigny, lui répondis-je, notre organisation animale est assez la même; le jour où je serai envoyé à Charenton, si nous sommes entendus devant les mêmes juges, ils rendront notre sort commun; la similitude qu'ils trouveront dans nos rapports les conduira à nous rendre la même justice. » Toutes les fois que cet officier ex-noble s'est écarté des principes républicains ou des convenances, je lui ai répondu sur le même ton; il en est résulté qu'il a senti qu'il fallait se comporter avec la même décence, l'honnêteté et les procédés dus à des représentants auxquels leur disgrâce n'avait rien fait perdre de leur courage et de leur énergie.

De Pacy-sur-Eure, nous sommes allés souper et prendre trois heures de repos à la Rivière-Thibouville; là, le général La Pallière me rappela qu'il y a environ trente ans il avait fait, comme moi, le commerce de toiles sous la halle à Paris; que nous avions été contemporains et confrères dans ce genre de négoce, lui étant de Caen et moi de Lisieux. Ces souvenirs nous ont rapprochés davantage l'un de l'autre, et je me plais à dire de lui comme de Saint-Georges, avec lequel j'ai beaucoup conversé, qu'ils n'ont jamais cherché ni l'un ni l'autre à me dire rien de désagréable personnellement. Saint-Georges même usa à mon égard des procédés les plus honnêtes et sans affectation. Le seul qui affectait, et d'une manière sensible, à élever mon tempérament, était Vrigny; mais, après nos bourrasques, il dit que s'il avait paru me contrarier quelquefois, c'est parce qu'il voulait bien me connaître, qu'il savait et qu'il était plus persuadé que jamais que j'étais un honnête homme, mais ayant une grande chaleur dans les idées et une exaltation républicaine qui m'honorait. Après le souper, Crassous et moi nous nous jetâmes sur un lit; Saint-Georges en fit autant; Vrigny et Saint-Germain se jetèrent sur des matelas dans le milieu de notre chambre; Granet, avec La Pallière et Roque, en firent autant dans la chambre voisine.

Le matin nous partons à 5 heures pour Lisieux, où étant arrivés, le service de la diligence retardant le nôtre, au lieu de nous faire monter dans une chambre, on nous donna un morceau à manger dans nos voitures restées au milieu de la rue. J'avais prévenu Vrigny que je désirais écrire à ma femme en cet endroit. Après y avoir consenti, il changea de sentiment, ce qui fit que je j'invitais le maître de poste, que je connaissais beaucoup, d'écrire à ma femme que j'étais sûr que le Mont-Michel était notre destination, qu'aussitôt mon arrivée je lui écrirais. Le long temps que nous restâmes exposés à la vue du public dans nos voitures fit amasser beaucoup de monde; ayant demeuré vingt ans dans la ville, ma présence redoublait la curiosité. Un ancien militaire s'approche de la voiture où j'étais avec Saint-Georges; il me souhaite le bonjour par mon nom; je lui dis que je ne le connais pas. Il me rappelle que, lors de la levée de 30,000 hommes (en septembre 1792), il est le premier de Lisieux qui se soit enrôlé à ma persuasion (j'étais alors l'un des commissaires pour cette levée), qu'il a fait plusieurs campagnes depuis, même celle de la Vendée, où il a été dépouillé de tout, que le prix excessif des denrées (le pain qui est à 4 sous la livre) l'empêche de pouvoir faire vivre sa femme, ses enfants, quoiqu'il ait un bon métier, mais que son amour pour la République lui fait supporter avec patience ses souffrances, que ni lui, ni les patriotes de Lisieux ne souffriront jamais qu'il arrive le plus léger dommage aux subsistances qui passent journellement pour Paris. Saint-Georges et moi nous le confirmons dans ces dispositions, et nous l'invitons à y entretenir ses concitoyens. Un négociant (Quesney) s'approche pour converser avec moi; nos anciennes liaisons commerciales amenèrent la conversation sur le prix des matières premières pour la fabrication des toiles, qui était doublé depuis deux mois; je lui donnai deux de mes imprimés, celui intitulé : *Les abus des pouvoirs illimités*, et ma *Motion d'ordre sur les députés mis hors la loi et rentrés le 18 ventôse*; je l'invitai d'assurer plusieurs concitoyens, avec lesquels j'avais été fort lié, de mes sentiments d'attachement pour eux. Le militaire dont j'ai déjà parlé s'approche de nouveau et me dit : «Citoyen, on débite que vous allez être déporté (les larmes lui roulaient dans les yeux). Comment, disait-il, un brave homme, un honnête homme, un excellent patriote comme vous, déporté! De toute part on vexe, on moleste les patriotes.» Je le rassurai, je lui affirmai que ce qu'on lui avait dit était faux, je l'invitai de n'en rien croire et de le persuader à ceux qui me connaissaient. Saint-Georges appuya ce que je disais. Vrigny arrive, monte en voiture, ordonne *avec dureté* à ce citoyen de se retirer. Saint-Georges remontre à son camarade que la conduite de ce citoyen est pure, estimable, qu'il ne s'est point écarté, que c'est un bon, un brave militaire. Vrigny, mécontent de l'explication donnée, ordonne le départ. En passant devant la maison commune, la garde demande les passeports; depuis deux heures que nous étions en spectacle dans les voitures, Vrigny, chargé de surveiller Roque sur les détails, n'avait prévu à rien. La foule était grande; chacun raisonnait sur notre passage, selon qu'il était affecté; les uns nous plaignaient, les autres nous regardaient comme des traîtres que l'on conduisait à la *déportation*. Vrigny demande le commandant du poste et lui déclare que les passeports sont entre les mains de l'officier supérieur qui est dans l'autre voiture; nous passons. Au sortir de la ville, nous mettons pied à terre; La Pallière avait dit à un de mes collègues que, si j'avois été seul, il m'aurait mis aux trousses huit gendarmes. Vrigny me dit : «Vous avez donc dit à Lisieux au maître de poste où vous alliez? — Oui, je lui ai dit d'écrire à ma femme que Mont-Michel était notre destination.» Il me dit : «Sans doute ce maître de poste a dit que vous alliez être *déporté*, que le bruit qui s'en était répandu avait été *cause de l'agitation qui avait paru dans les esprits.*» Je lui observai que les papiers-nouvelles parlant de déportation, rien d'étonnant que des citoyens peu instruits aient confondu notre *arrestation* avec des idées de *déportation*. Remontés en voiture, la conversation roula sur la déportation, sur ses effets, sur le temps où l'on déterminera que cette peine doit remplacer celle de mort, quelle marche enfin va prendre le gouvernement pour tranquilliser les citoyens. Saint-Georges, qui m'a paru constamment le plus honnête, le plus vrai, le plus humain de notre escorte, dit : «Ceux qui veulent gouverner aujourd'hui sentent que le peuple français est las de voir couler le sang; on ne veut pas plus de guillotines que de potences, mais on y suppléera par la déportation; elle s'effectuera en jetant les déportés sur les rivages d'*îles désertes*, après les avoir dépouillés de tout on les abandonnera à leur *mauvais sort*. La confiscation des biens n'aura plus lieu. Au moyen de ces modifications, les juges, les jurés, répugneront moins à condamner que lorsque l'effusion de sang, suite de la condamnation, avait lieu presque sous leurs yeux.» J'observai que la déportation de cette manière était un supplice plus affreux que la mort même; que, quoique les Billaud, etc., fussent dans mes idées dignes des plus grands supplices, la Convention devait d'abord porter la loi concernant la déportation, ses effets et ses suites; ensuite renvoyer les prévenus devant les tribunaux, parce qu'elle n'avait pas le droit de juger elle-même. J'observai que c'était un raffinement de cruauté, de barbarie, de machiavélisme même en supprimant la confiscation des biens parce qu'alors personne ne réclamerait contre les condamnations *iniques* qui allaient s'ensuivre de ce nouveau principe destructeur de la société, de son harmonie et de la tendresse qui réunit les hommes et les tient fortement attachés les uns aux autres, lorsque les intérêts sont les mêmes; mais que le fils héritant de son père, le neveu de son oncle, le parent de son parent, chacun se consolerait d'autant plus aisément qu'en héritant l'avantage leur resterait, *l'odieux seul aux gouvernants*, au lieu que, dans l'autre système, pour obtenir la restitution des biens il faut prouver l'injustice du jugement, et qu'alors l'intérêt fait trouver des moyens que la *reconnaissance ou la tendresse* ont bientôt oubliés. «Tel est le nouveau plan de gouvernement», dirent-ils. J'ajoutai que, lorsque j'entendais parler de déportation, je me figurais toujours les bateaux de Carrier; car, depuis trois ans que l'on a parlé de déportation, dis-je, personne ne l'a été que de cette manière; mais la forme de la nouvelle déportation telle que vous venez de l'expliquer me paraît plus cruelle, plus tyrannique que la mort de (*sic*) la guillotine, celle même des bateaux à coulisses; dans ce cas au moins, un bourreau vous rend le service de vous débarrasser de la vie, et ces deux genres de mort sont assez prompts, au lieu que dans le dernier système, il faut soi-même s'arracher la vie sans avoir aucun des moyens qui vous en délivrent promptement, ou se voir déchirer par des bêtes féroces ou des reptiles venimeux; ce supplice, qui d'abord semble une simple mesure d'écarter sens retour la malveillance des ennemis du nouveau gouvernement, me paraît à moi le comble de la scélératesse par la forme de son exécution. J'observai encore que les auteurs de cette abominable loi me paraissaient d'autant plus criminels qu'avant que les effets et les suites de la loi fussent connus, ils faisaient déjà condamner des hommes à la déportation par ceux qui, non seulement n'avaient pas le droit de juger, condamner, appliquer aucune peine, mais qui, en prononçant, ne connaissaient pas eux-mêmes, législateurs, quel mode, quels effets ils donneraient à ce genre de supplice. «Telle est la résolution, dit Saint-Georges; on veut éviter de faire couler le sang sous les yeux du peuple.»

«Attendez, attendez, dis-je en soupirant, ils ne se croient pas encore assez puissants pour user de la guillotine, mais, comme je le disais à la séance du 29 ventôse, s'ils la saisissent une fois, qui pourra arrêter leurs fureurs? Eh bien, aujourd'hui que cette loi n'est pas encore portée, que la proposition générale et vague faite par Fréron de substituer la déportation à la peine de mort n'a été accompagnée d'aucuns détails sur son exécution et sur ses suites, je me plais à croire que, si elle est telle que ces officiers nous l'on dit, grand nombre de membres de la Convention se repentiront d'avoir voté aussi légèrement cette peine contre leurs collègues qui n'ont pas obéi au décret du 16 germinal et se sont soustraits à des décrets enfantés par le délire *de la fureur* et par une tyrannie qui n'a de comparable que celle des Pisistratides dans Athènes, ou celle de Sylla dans Rome. Je leur demandai quelle forme de gouvernement on comptait donc instituer, s'il y avait un plan général, si la Constitution devait en être la base. Saint-Georges dit alors qu'ils ne savaient pas au juste quelles seraient les bases du plan; mais, quelles qu'elles fussent, qu'il y aurait, *avant trois mois au plus, un gouvernement organisé, où ceux qui dominaient ne tiendraient pas*. Vigny dit que le régime serait calqué à peu près sur les formes militaires; que, la paix devant avoir lieu sous peu, c'était le seul moyen de *contenir cette nuée de soldats*, d'employés aux armées, de les empêcher de se rendre redoutables, que personne n'était plus capable que les anciens officiers de faire exécuter ce plan, parce qu'imbus des principes d'obéissance et de subordination *passive*, ils seconderaient plus sûrement un gouvernement qui adopterait ce plan, le seul bon dans les circonstances où se trouvait la République après ses victoires, que les puissances étrangères seconderaient de tout leur pouvoir ce régime comme pouvant seul maintenir la paix, *et ôter aux Français cette ardeur forcenée de combattre et de vaincre*, qu'ainsi ils ne pouvaient manquer d'être employés. Ils nous dirent qu'on avait fait l'épreuve de leur valeur dans ce genre, que c'était eux qui avaient été chargés de composer les tribunes à la séance du 2 germinal; que Roque, chargé des détails, était ce jour, dès 3 heures du matin, à la Convention; qu'ils n'avaient pas dormi plusieurs nuits de suite; que la consigne était de ne laisser entrer que des personnes de leur costume, de leur organisation; que beaucoup étaient formés en compagnie pour servir au besoin; que les femmes étaient refusées, que la jeunesse admise avait l'ordre de faire le plus grand silence; que la motion que je fis ce jour de rétablir la liberté générale pour tous les citoyens et citoyennes d'entrer et se placer sans distinction aux tribunes, qu'autrement la liberté n'existait plus dans les délibérations, parce que la composition d'hommes choisis pour les remplir semblait menacer le dénonciateur ou les dénoncés, avait fait une si grande sensation, qu'en laissant les entrées plus libres, comme ils le firent le lendemain et jours suivants, il fut résolu de saisir la première occasion qui se présenterait pour *faire un coup de vigueur*, que le 12 germinal l'avait fourni, qu'on en avait profité pour se défaire des prévenus et se débarrasser de ceux qui pouvaient entraver la marche qu'on avait résolu d'adopter.

Arrivés à Caen, descendus à la poste, on nous sert à dîner; le chef de notre escorte (La Pallière) invita à ce dîner un de ses amis et son frère; ce dernier fut des plus circonspects et des plus honnêtes envers nous, mais à l'égard de l'autre, la conversation étant tombée sur les mouvements du Calvados en 1793, je les qualifiai d'acte de *rébellion* envers la Convention, contre la volonté générale du peuple français. Je dis que je pouvais d'autant mieux en parler qu'alors en mission avec Prieur (de la Marne), dans le département de la Manche, entre les premiers agents de cette rébellion qui se présentèrent au département (les autorités constituées assemblées), pour les engager à entrer dans la fédération, était le nommé Le Feron, secrétaire de Wimpffen, adjudant de la place de Granville; que, ses desseins nous ayant été bien connus, nous ordonnâmes son arrestation et malgré la demande à nous faite par le Département, séduit par les promesses et les menaces tour à tour employées par Caille, Estange, Puisaye, les lettres de Wimpffen, de faire relaxer Le Feron, nous avons persisté à le refuser; qu'il était *le seul individu* que nous eussions fait arrêter dans notre mission, parce qu'il nous était bien prouvé qu'il cherchait à soulever le peuple en faveur de Wimpffen et conjurés. Cet homme, prenant feu à ce récit, dit que Le Feron était son frère, qu'il avait été *attaché à la bonne cause*, que celle que j'avais protégée était une *faction scélérate*. Je relevai mon homme avec vivacité, je lui dis que son frère et ses semblables avaient été des *rebelles à l'autorité légitime*, qu'il ne devait pas parler devant moi comme il le faisait; que, quoique en état d'arrestation, je soutiendrais l'honneur et la dignité de la Convention nationale; qu'enfin, si j'étais libre, cela ne se passerait pas ainsi. Notre homme baissa le ton. La Pallière sentit l'imprudence qu'il avait eue d'inviter à dîner des gens avec lesquels de violents débats pouvaient s'élever. La conduite honnête et résolue de La Pallière fit que je n'insistai pas.

Nous partons de Caen sur les 6 heures; pendant cette route, obligés de voyager la nuit, deux fois l'un des ressorts de notre voiture se brisa. Parvenus à le réparer malgré l'obscurité, et remontés en voiture, Grassous s'aperçut qu'il avait perdu son portefeuille contenant 3,000 livres, et quelques papiers peu conséquents; il fut décidé que retourner sur ses pas pendant la nuit ce serait chercher une aiguille dans une botte de foin, et perdre son temps; nous continuons notre route.

Arrivés à Vire, La Pallière va à la municipalité, requiert le maire de nous faire fournir une voiture, à cause des réparations à faire à la nôtre. Nous allons à l'auberge; en attendant le déjeuner, le perruquier nous barbifie, le peuple s'amasse pour voir notre départ. Quoique le nombre fût très grand et que le perruquier m'eût reconnu, parce qu'en 1793 il m'avait accommodé au même endroit, il n'y eut contre nous aucune parole désagréable. A notre départ, la plus grande tranquillité régna. Pendant cette route, la conversation fut légère, aimable, enjouée même, entre Granet, Vrigny, Saint-Georges et moi; je manquai de perdre ma montre en or sans Granet, qui m'en avertit. Vrigny saisit ce moment pour demander à me l'acheter. Je lui répondis d'un mot prononcé *honnêtement*, mais d'une façon à lui faire sentir cependant combien sa demande était *déplacée*. « Nous autres militaires, répondit-il, *nous aimons à trafiquer*. »

Arrivé à Villedieu, pendant le relais, le citoyen Macé fils, de Coutances (dont le père, âgé de 78 à 80 ans, suppléant à la Convention nationale, est en arrestation dans les murs de sa ville comme terroriste), ce jeune homme m'aborde; il est reconnu de Saint-Georges. Nous apercevons sa main gauche privée de plusieurs doigts; je lui en demande la cause: « C'est lorsque j'ai volé au secours de Granville, dans une action contre les Vendéens. » Saint-Georges l'invite à dîner pour son retour; nous nous embrassons. Depuis il a été mis en arrestation *comme terroriste*. A Avranches, le maître de poste témoigne la plus grande répugnance à faire le service; il dit qu'il est impossible d'aller en voiture au Mont-Michel. Après bien des raisons, nous partons pour Pontorson, où arrivés, vu l'heure tardive, l'impossibilité d'aller en voiture de Pontorson au Mont-Michel détermine notre escorte à nous faire coucher là. Le lendemain, à 6 heures du matin, sept chevaux de selle sont préparés. Saint-Georges, étant indisposé, reste à Pontorson; nos autres officiers d'escorte se hardent de leurs armes. Nous partons avec un guide. La bonne intelligence était si grande entre l'escorte et les prisonniers qu'un fusil à deux coups chargé est remis et confié, pendant toute la route, à Granet, qui marchait à pied. Nous avisons le Mont-Michel, que déjà nous avions signalé, entre Villedieu et Avranches, mais cette fois nous y touchions presque, le drapeau tricolore flottait, l'arbre verdoyant de la Liberté et le fameux bonnet rouge, si longtemps *révéré*, se soutenaient mutuellement contre les vents, les tempêtes et, qui plus est, contre la malveillance des Chouans. Nous entrons dans l'enceinte des murs : les portes, la rue, les cours étaient obstruées de voitures chargées de meubles, de provisions de toute espèce appartenant au dernier essaim des *prêtres réfractaires*, qui sortaient des prisons du château. Le seuil des portes de chaque maison est garni de ces prêtres devenus libres par arrêté du représentant du peuple Legot, dont les vertus et le patriotisme connus ont tant brillé dans la Révolution. C'est par ce grand acte civique qu'il termine sa mission, afin que les exhortations de ces patriotes réveillent le zèle des Chouans, trop longtemps ralentis contre les terroristes, depuis un peu plus d'un mois. La présence de ces prêtres sortant de prison avec l'attirail de la plus grande abondance, d'une part; de l'autre, l'entrée dans ces mêmes prisons de trois représentants du peuple dénués de tout, qui n'ont jamais varié dans leurs sentiments pour la Révolution, à laquelle ils ont tout sacrifié, et à la constitution *démocratique*, à laquelle ils restent *invariablement attachés*, formait tableau. Ce contraste frappant étonne les sortants et les entrants eux-mêmes. L'escorte, les habitants, stupéfaits, ne savent s'ils doivent en croire leurs yeux. La cohorte *sacerdotale* cède le pas à la cohorte *représentative;* nous défilons, nous gravissons le clocher; nos logements nous sont indiqués : la vermine, la plus affreuse malpropreté en faisaient le principal ornement. Nous choisissons; nous fixons notre choix sur les chambres occupées jadis par les prieurs, procureurs et cellériers de cette bastille. Combien ces habitations étaient changées, en comparant le temps présent à celui où ces moines *indolents*, et plus souvent *insolents*, les habitaient! Les logements reconnus, nous descendons encore une fois en bas. Un assez bon dîner nous y attendait. Le maire, le concierge, sont de la partie. Le calme, la sérénité, l'aisance, font les frais du dîner. On dresse ensuite le procès-verbal de l'enregistrement, écrou et charge de nos personnes.

Pendant ce temps, nous écrivons à nos femmes, nous remettons les lettres au chef de l'escorte (La Pallière), qui promet de les remettre lui-même. Le maire certifie les qualités du concierge, il légalise le procès-verbal de l'enregistrement et écrou; le concierge accepte la charge et responsabilité de nos personnes. On s'embrasse en se félicitant, sans savoir trop pourquoi. L'escorte nous dit : «Il ne faut qu'un coup de vent en contre-sens de celui du jour pour que vous retourniez à *votre poste*, et nous dans *les prisons dont nous sommes récemment sortis.»* Nous nous quittons; ils prennent la plaine. Nous gravissons de nouveau le roc, où nous habitons une demeure que nous étions bien éloignés de croire, il y a trois mois, qui nous serait destinée. Heureusement la plus parfaite intelligence règne entre nous; nous aurons soin de la maintenir.

Copie de l'arrêté du Comité de sûreté générale relatif à notre arrestation, en vertu du décret du 16 germinal an III [de la] République française. Convention nationale.

Du 17 germinal an III de la République française,
une et indivisible.

Le Comité de sûreté générale, d'après les pouvoirs qui lui ont été attribués par la loi du 16 germinal, relative aux représentants du peuple décrétés d'arrestation, arrête que les citoyens Crassous, Granet et Le Cointre (de Versailles), seront de suite transférés au Mont-Saint-Michel, département de la Manche, où ils seront sous la surveillance et la responsabilité du commandant temporaire de cette citadelle; charge le général La Pallière de la conduite desdits citoyens Granet, Crassous et Le Cointre (de Versailles), avec pouvoir de s'adjoindre le nombre nécessaire de militaires et gendarmes nationaux qu'il jugera nécessaires (*sic*) pour exécuter le présent arrêté. Requiert tous fonctionnaires publics, civils et militaires, de déférer aux réquisitions qui leur seront faites par le général La Pallière.

Les représentants du peuple composant le Comité de sûreté générale,

Signé : J. ROVÈRE, CLAUZEL, A.-C. THIBAUDEAU, PÉMARTIN, MONMAYOU, COURTOIS, CALÈS, SEVESTRE, MATHIEU, PERRIN.

Pour copie conforme à l'original :

Le général de brigade,

Signé : Marin GUÉROULT-LA PALLIÈRE.

Le général de brigade soussigné, chargé de transférer au Mont-Michel les députés Granet, Crassous et Le Cointre (de Versailles), décrétés d'arrestation par la Convention nationale, remet sous la garde et responsabilité personnelle du citoyen Pierre Mépires, concierge dudit château, les députés susnommés, en déclarant qu'il ne doit les livrer que d'après un ordre du Comité de sûreté générale et d'un décret de la Convention nationale.

Au Mont-Michel, ce 31 germinal an III de la République française, une et indivisible.

Le général de brigade,

Signé : Marin GUÉROULT-LA PALLIÈRE.

———

Le 30 germinal, le commandant du fort nous a donné lecture de la lettre suivante, à lui adressée par le Comité de sûreté générale, le 27 germinal an III; elle est conçue en ces termes :

Du 27 germinal an III de la République française, une et indivisible.

Le Comité de sûreté générale au commandant du Mont-Saint-Michel, département de la Manche, district d'Avranches.

Nous venons d'apprendre, citoyen, que nos collègues étaient arrivés à leur destination. Nous n'avons sûrement pas besoin de te recommander d'avoir pour eux les égards et les soins dus à leur position. L'intention du Comité est que tu leur laisses la liberté de voir *leurs femmes et leurs enfants* toutes les fois que cela pourra se faire sans *inconvénient* et sans nuire aux précautions que tu dois prendre pour leur sûreté.

Salut et fraternité.

Les membres du Comité de sûreté générale,

Signé : MONMAYOU, A.-C. THIBAUDEAU.

———

Le manuscrit ci-dessus transcrit et d'autres du conventionnel Le Cointre (de Versailles) ont été donnés aux archives de la préfecture de Seine-et-Marne par M. Laurent Le Cointre, son petit-fils, propriétaire à Melun, en décembre 1896.

G. L.

IMPRIMERIE NATIONALE. — Juillet 1897.

www.ingramcontent.com/pod-product-compliance
Lightning Source LLC
Chambersburg PA
CBHW060734280326

41933CB00013B/2627